Comprend
Bitcoi.

I0011202

Una Guía para
Principiantes
sobre las Criptomonedas

Por

Eric Morse

Los derechos de autor de este libro © 2017 por Eric Morse. Todos los derechos reservados. Ninguna parte de esta publicación puede ser reproducida, distribuida, o transmitida de cualquier forma o por cualquier medio, incluyendo fotocopias, grabaciones, u otros métodos electrónicos o mecánicos sin un permiso escrito del autor, excepto en el caso de citas cortas en críticas hechas del libro y otros usos no-comerciales específicos permitidos por la ley de derechos de autor.

Para los que se adaptan rápidamente, quienes aprendieron todo esto de una manera difícil para que los demás no sufrieran.

Índice

Introducción

Bitcoin ya es popular en nuestros días, y con razón. Esta tecnología nueva provee a las personas alrededor del mundo una nueva alternativa para comprar, ahorrar, invertir, y realizar transacciones fuera de la infraestructura financiero. En Filipinas, por ejemplo, cuando uno de los bancos más grandes del país no tuvo internet por dos días en Junio de 2017, millones de personas no pudieron pagar sus cuentas y realizar sus gastos diarios. Pero unos pocos ya se habían adaptado a Bitcoin y fueron capaces de pagar muchas cosas que necesitaban durante esos días. En el 2010, los procesadores de pago tradicional (Visa, MasterCard y PayPal) detuvieron sus negocios con Wikileaks, completamente inhabilitando la posibilidad de esa organización de coleccionar donaciones. Entra el Bitcoin. Wikileaks se fundó a si mismo casi exclusivamente a través de Bitcoin por un tiempo, y Bitcoin sigue teniendo una posición predominante en su página de donaciones.

En este libro, aprenderán lo que Bitcoin es y cómo usarlo de forma segura para pagar sus bienes y servicios. También les diré cómo usar Bitcoin como una alternativa de inversión y cómo invertir si deciden hacerlo. Al final, estarán en una Buena posición para comenzar a usar Bitcoin para propósitos prácticos y de inversión.

Este libro asume que no has leído ninguno de mis trabajos anteriores sobre criptomonedas. Por pura necesidad, cubrirá algo del mismo tema que cubrió **Bitcoin: Una Introducción Simple**, el cual se enfoca en presentar las bases del Bitcoin en la forma más simple posible. Ese libro se alejó un poco de ciertos tópicos (minado e inversión, por ejemplo) que no pensé que eran adecuados para un libro elemental en un nivel de introducción. Con solo unas pocas excepciones, también no mencioné páginas web específicas, software o negocios. Esos temas son mencionados en este libro. **Comprendiendo al Bitcoin** está orientado para el principiante un poco más avanzado, si existe algo parecido. Es para personas que quieren saber en *"A dónde ir"* and *"Qué hacer,"* mientras que **Una Introducción Simple** está más enfocado en *"¿Qué es este Bitcoin del que Sigo Escuchando?"*.

Algunas cosas que deben saber desde el principio:

Las cosas cambian rápidamente en el internet y cambian aún más rápido en el mundo de Bitcoin. Si están leyendo este libro años después de escribirlo (a inicios de 2017), las compañías y páginas web que son mencionadas en este libro pueden haber quebrado o cambiaron significativamente sus áreas o métodos de operación.

También, el ecosistema de Bitcoin es grande y creciente. Como este libro no es un directorio de negocios de Bitcoin, no puedo enlistar cada negocio, página web, vendedores de hardware, etc. Escogí enlistar aquellas que son mejores conocidas o con los que he tenido una experiencia persona en el pasado. Si no menciono un negocio o una página web en específico, no debería ser considerado como una advertencia, opinión negativa o declaración de desaprobación. Con la excepción de los links a mis otros libros, no he incluido ningún links afiliados en este texto. No tengo un interés financiero en ningún negocio o producto mencionado.

Finalmente, mientras Bitcoin es global, las compañías y regulaciones no lo son. Mientras sí menciono a otros países, este libro está orientado mayormente para una audiencia americana. Por lo tanto, a menos que mencione específicamente a otro país, deberían asumir que hablo sobre los Estados Unidos.

Si están listos y emocionados de aprender más acerca de Bitcoin, giren esta página para que podamos comenzar.

Capítulo Uno: ¡SuperDinero!

Bitcoin es la primera, más popular y más exitosa de todas las criptomonedas.

¿Pero qué significa eso exactamente?

Las criptomonedas son dinero en esteroides. Son el equivalente digital a (y competidoras de) monedas más familiar como Dólares, Euros, etc. Ellas usan tecnología y criptografía para proveer a los usuarios con capacidades más allá de lo que puede hacer con los sistemas monetarios y de pago a los que están acostumbrados. Las criptomonedas son para el dinero lo que los superhéroes son para las personas regulares.

Entonces, ¿cómo son mejores exactamente?

Las Criptomonedas son a pruebas de balas. Lo que eso significa es que son resistentes a interferencias de otras personas. Las transacciones de Bitcoin operan de forma similar al efectivo en el internet. Una vez que la transacción está confirmada, el BTC es **tuyo**... 100% resistente a los bancos, procesadores de pagos, abogados, políticos, u hombres peligrosos que quieran entrometerse con la transacción sin su permiso. Sus fondos están tan seguros como si estuvieran en su bolsillo... algo que es demostrablemente incierto con las tarjetas de crédito y PayPal.

Las criptomonedas son indetenibles. Nadie puede detenerte de hacer negocios con otra persona usando criptomonedas como bitcoin. Lo mismo es cierto para el "efectivo"... pero no pueden usar efectivo en el internet. La introducción de este libro mencionaba dos ejemplos (Wikileaks y BPI) donde alguna entidad era un obstáculo para que algunas personas hicieran transacciones entre sí. Bitcoin hace que esa interferencia sea imposible. "Apagar" Bitcoin necesitaría que se apague todo el internet.

Las criptomonedas son rápidas. Las personas que han usado Bitcoin puede que levanten la mano para intervenir aquí. Después de todo, una transacción de Bitcoin toma de minutos a horas para ser confirmada, mientras que una transacción de tarjeta de crédito toma segundos. Pero esa no es exactamente una comparación justa. Cuando compran algo con una tarjeta de débito o crédito, esa transacción es aprobada en segundos... pero el dinero en realidad no cambia de manos (de la compañía de tarjeta de crédito al negociante) hasta muchos días luego de la compra. Este retraso es invisible al comprador, hacienda parecer que todo pasó en un abrir y cerrar de ojos mientras que el negociante solo tiene la promesa de que el dinero será recibido días después. Las criptomonedas como Bitcoin no esconden ese retraso... pero el retraso dura solo unos minutos u horas en comparación a los días de espera con el otro modo. Para el comprador, esto no es problema alguno. Pero el comerciante al otro lado del mostrador ha comenzado a prestar atención.

Las criptomonedas son inteligentes. Las criptomonedas tienen habilidades de desarrollador que les permite hacer cosas que el efectivo no puede, como transacciones "multi-key" que requieren que muchas personas gasten de una sola cuenta, o canales de pagos que les permite transacciones frecuentes entre las partes sin que cada transacción sea grabada en el registro principal. Alguien que solo usa la criptomoneda para hacer compras o enviar dinero al extranjero puede que no esté interesado en estos súper-poderes esotéricos, pero la habilidad de crear "reglas" bajo la cual el dinero debe ser gastado para los negocios, bancos, y otras entidades financieras que han estado observado la tecnología de cadena de bloques (es decir, criptomonedas) por un tiempo.

Hay otras más, por supuesto, y no todas las criptomonedas son igual de fuertes en cada área. Ese es todo el punto. Una de las características resaltantes de una versión de Bitcoin, Litecoin, es el tiempo de transferencia más corto. Litecoin es más rápido. Una de las grandes diferencias entre Ethereum y Bitcoin es que Ethereum tiene un lenguaje de desarrollo más robusto... es más "inteligente". Pero Bitcoin es el original, más valioso, y más popular. Si las criptomonedas fueran superhéroes... Bitcoin sería Superman.

Cómo funciona

Mientras las monedas convencionales son respaldadas por instituciones gubernamentales o financieras, las criptomonedas son respaldadas por uno de los temas más preferidos por todos los estudiantes en el mundo: Matemática. Las criptomonedas usan una red de computadoras dispersas que les permite realizar lo que se conoce un método de transacción "costa-a-costa" ("peer-to-peer" o "P2P" en inglés) Un Sistema P2P es una que no requiere los servicios de un intermediario o una agente. Con Bitcoin y la mayoría de la demás criptomonedas, este sistema P2P utiliza un registro público (cadena de bloques) y algoritmos matemáticos (encriptación y "hashing") para mantener la seguridad e integridad del registro.

Cada cuenta ("Dirección de Bitcoin") tiene un código secreto asociado ("llave privada") que el sistema usa para asegurar el control de esa dirección sobre el bitcoin que posee. Cuando el bitcoin se gasta, la dirección debe entregar su llave privada. Afortunada, la mayoría de los usuarios finales no trabajan con las llaves directamente y probablemente nunca verán una. El software de la billetera y la red Bitcoin maneja todo por ellos.

Cada transacción de Bitcoin es simplemente un registro de como la moneda se ha movido de un conjunto de direcciones fuentes a un conjunto de direcciones destino. El protocolo Bitcoin realiza un número de acciones… por ejemplo, verificar que las direcciones fuente de verdad contengan el BTC que se mueven… y luego escribe la transacción a la cadena de bloques.

Los Usuarios Especiales de Bitcoin llamados "mineros" son responsables de escribir las transacciones. Esto no es tan simple o sencillo como suena. Cada minero o grupos (pool) de mineros constantemente trabajan en un problema matemático específico. No solo es este problema difícil, sino que se vuelve aún MÁS difícil mientras más personas intentan resolverlo. El primero en resolver el problema correctamente puede escribir el siguiente bloque de transacciones al registro principal. Como recompensa por su esfuerzo, ellos ganan algunos bitcoins recién creados, además de quedarse con las propinas (o propinas) de transacción en el bloque recién escrito. En el caso de un grupo de mineros, esta recompensa es distribuida entre sus miembros, usualmente basado en la cantidad de trabajo realizado por cada miembro de dicho grupo. El minero que escribe el bloque puede seleccionar cuales son las transacciones que se escribirán... y le conviene más seleccionar las transacciones que tienen propinas asociadas a ellos. Entonces, mientras las propinas por transacción son opcionales técnicamente, si quieres que los mineros trabajen en su transacción para procesarla, siempre deben incluir la propina adecuada. Todo esto aplica a Bitcoin, pero la mayoría de las otras monedas operan en forma similar, con diferencias en el problema exacto a resolver, las escalas de dificultad, la recompense para los mineros, etc.

La mayoría de las criptomonedas (pero no todas) tienen un límite del número máximo de monedas (unidades). En Bitcoin, este límite es 21 millones. Otras monedas alternativas tienen un límite más alto, bajo o no tienen límite alguno. El proceso de minado ya mencionado introduce una nueva moneda lentamente hasta que el límite se alcance. Este proceso es mucho más controlado, gradual y predecible que las monedas tradicionales, las cuales no tienen un límite de reproducción ni de su rango de incremento.

Capítulo Dos: Poder and Responsabilidad

Bitcoin fue creado por Satoshi Nakamoto (un seudónimo) en el 2008. Su intención era darle al mundo una moneda digital sin gobierno central o cuerpo de supervisión y resistente a interferencia de terceras partes como bancos, procesadores de pagos y, sí... gobiernos. Dentro de este sistema, cada usuario es su propio banco. Cada usuario tiene control al 100% de su dinero. Pero junto a su poder llegan unas responsabilidades muy altas.

Autonomía

Con Bitcoin, no necesitan el consentimiento de nadie o permiso para gastar su dinero. Ni el de sus padres, ni el de su gobierno, ni el de su banco. A diferencia de las cuentas bancarias tradicionales que su gobierno puede "congelar" o mantener, sus billeteras de Bitcoin son inmunes a tales acciones por las autoridades financieras.

La autonomía de Bitcoin no termina con sus transacciones financieras. También se extiende a su privacidad. Con las compañías de tarjetas de crédito, es un requisito que comparta su información personal si quiere usar su Sistema de pago. Pero no Bitcoin, lo que le permite mantener intacta su privacidad. Para ser honesto... probablemente necesitarán identificarse en un intercambio cuando compren Bitcoin, pero luego de la compra inicial, el movimiento de BTC entre las personas está libre de información personal comprometedora. No necesitan dar su nombre y dirección a un vendedor para comprar algo (a menos que les envíen algo, por supuesto). Cada vez que escuchan que una compañía grande ha sido hackeada y la información de sus clientes ha sido comprometida, recuerden que con Bitcoin, no había necesidad para que la compañía tuviera siquiera dato alguno de pago.

Como Bitcoin es un Sistema descentralizado monetario, las restricciones geográficas o legales no evitarán que usted haga negocios con quien usted quiera, cuando usted quiera, cual sea la razón que sea. Esto no quiere decir que Bitcoin hace que las cosas ilegales sean legales... significa que depende de USTEDES obedecer la ley.

Características Transaccionales Únicas de Bitcoin

Bitcoin tiene características únicas que las diferencian de los sistemas tradicionales centralizados a los que las personas están acostumbradas. Una de ellas es la irreversibilidad. Una vez que su transacción ha sido escrita en la cadena de bloques, no puede ser cancelado, dar marcha atrás o modificado. Por eso es que, cuando se realicen transacciones con bitcoin, deben asegurarse en su precisión y su seguridad. Bitcoin en este sentido es como el efectivo. Si le dan a alguien un billete de veinte dólares en vez de cinco y no se dan cuenta hasta un tiempo después, probablemente no podrán recuperarlo. No hay forma de "revertir" el pago en efectivo y arreglar el error. Lo mismo para Bitcoin.

Otra característica transaccional es la "seudo-anonimidad". Las direcciones de Bitcoin son cadenas aleatorias de 30 dígitos. Sus direcciones y transacciones están unidas innatamente a su identidad en la vida real. Hay un poco de ambigüedad en esa última oración, así que aclarémoslo con algunos ejemplos:

Si compran algo de una tienda en línea que necesite ser enviado a ustedes, el vendedor conocerá su nombre y su dirección física. También sabrá su dirección de Bitcoin, y puede fácilmente conectar ambas direcciones. Lo mismo es cierto de los intercambios donde compran su bitcoin. Ellos saben quiénes son en realidad y las direcciones a donde envían bitcoin. Ellos sabrán quienes son en verdad y la dirección a la que enviaron Bitcoin. Pero esta conexión no es parte del protocolo Bitcoin, existe fuera de él... existe por la necesidad del vendedor para enviarles algo y el requerimiento legal del intercambio de verificar su identidad.

Puede que recuerden mi definición de la Cadena de Bloques como un registro público distribuido. ¿Leyeron la palabra "público" en la descripción? Significa exactamente lo que piensan: sus transacciones son visibles para aquellos que quieran saberlo. Extraños totales. Su vecino curioso. Servicios de Impuestos Internos. Quien sea. Lo que verán es el bitcoin moviéndose entre direcciones. No verán nombres, números de seguro social, o el hecho que compraron condones en el Mercado anoche. Ellos no conocerán cuales direcciones son las suyas a menos que lo hayan comentado o han sido descuidados en su uso de Bitcoin. Sus transacciones pueden ser analizadas y rastreadas, pero exponer su identidad real es muy difícil, y puede ser más difícil aún con algunos pasos simples que compartiré con ustedes en un próximo capítulo.

Otra característica transaccional importante de Bitcoin es la seguridad. Su bitcoin puede ser solo accesado por una persona que conoce la llave privada de su cuenta, ¡y esa persona es usted! Técnicamente, sus llaves privadas están en su billetera de Bitcoin. La billetera debe tener una contraseña. El teléfono o computadora que tenga acceso a su billetera debe ser segura. Depende de usted que así sea. Recuerden: usted es el banco. Una Criptografía ponderosa dificulta aún más el hackeo de su cuenta de bitcoin en comparación a una cuenta bancaria tradicional o de tarjeta de crédito… Pero si tiene una contraseña fácil, toda esa encriptación pierde su poder. La cerradura más poderosa en el mundo no servirá si la puerta está rota o el seguro no está bien puesto. Sin embargo, si toman en serio que "deben ser su propio banco", ganan un poder de verdad asombroso: Finanzas Impenetrables.

Desafíos Potenciales

Mientras Bitcoin ofrece ventajas sustanciales, también tiene sus desafíos. Muchos de ellos no son vulnerabilidades de Bitcoin mismo, sino de negocios, tecnologías o personas asociadas cuyas debilidades o acciones se reflejan mal en todo el mundo de la criptomoneda.

Estafas y Hackeos son ejemplos perfectos de esto. Tan pronto como el bitcoin obtuvo un valor monetario, las personas comenzaron a intentar a tomarlo de los demás a través de robos o fraudes. Como Bitcoin es Nuevo, algunos usuarios no están acostumbrados a tratarlo como dinero real… a pesar de que lo sea. Como resultado, ellos son víctimas de personas malintencionadas y estafas, cosa que no sucedería si se tratara de dólares o euros. Aquí tienen algunos ejemplos comunes:

Estafas de Minado en la Nube: Estas son estadas donde personas ficticias o compañías propondrán el minado de bitcoin por usted en cambio en un pago sustancial. Nota: el minado en la nube NO es una estafa en sí. Hay compañías legítimas de minado en la nube… pero si son nuevos a Bitcoin deberían probablemente evitarlo. Los contratos de minado en la Nube generalmente no vale la pena.

Billeteras en línea: Aquí, una compañía les pide que confine en ellos con sus llaves privadas. En vez de usar una billetera que USTEDES controlan, usan una que ELLOS controlan. Y luego la billetera en línea es hackeada. A veces el "hackeo" puede ser falso, y el operador de su billetera ha huido con su bitcoin. Millones de dólares han desaparecido de esta manera.

Estafas/Hackeos al Realizar Intercambios: Los Intercambios se refieren al momento de comprar/vender bitcoin u otras criptomonedas. Que un intercambio sea falso es muy extraño… pero ciertamente posible. Lo que probablemente verán es un intercambio legítimo que no fue cuidadoso con su seguridad y sea hackeado. Cuando compran bitcoin, su compra guarda el intercambio en una billetera que ellos controlan. ¿Recuerdan el párrafo anterior sobre las Billeteras en Línea? Lo mismo aplica aquí. El problema es que la mayoría de las personas no se dan cuenta o considera el intercambio como una billetera… y en algunos intercambios te animan bastante a usar sus billeteras. No lo hagan. Los intercambios son para comprar… no para almacenar o hacer transacciones.

Estafas Ponzi: Estas son típicamente estafas de alta inversión que ofrecen recompensas descabelladas y garantizadas de su inversión bitcoin. Los peligros están en las palabras "alta" y "garantizadas" porque la ley cardinal en todas las inversiones es que mientras mayor sea su expectativa de ganancia en su inversión, mayor será el riesgo que debe tomar. No existe tal cosa como "inversión de cero riesgo" que ofrece ganancias más grandes a las que las inversiones normales pueden ofrecer.

La complejidad de Bitcoin es otro desafío. En sus primeros años luego del lanzamiento de Bitcoin, no era para el uso público... a pesar de lo que algunos decían. Era difícil de usar, y hacerlo de forma segura requería una comprensión de los conceptos como "encriptación que la mayoría no tenía antes. La situación ha mejorado bastante en la actualidad. Bitcoin es más fácil de usar que una tarjeta de crédito en la mayoría de los casos. ¿Eso resuelve todo? No exactamente. Si hay un problema en su transacción... si olvidan incluir una propina, por ejemplo... no hay un lugar claro para pedir ayudan, y a veces, el consejo recibido es indescifrable para los usuarios nuevos. En otras palabras, Bitcoin es solo fácil en la superficie, donde la mayoría operará normalmente. Pero esa capa de simplicidad es muy delgada. Si alguien tiene que investigar más por cualquier motive, la complejidad entera puede que sea abrumadora. Eso no es aceptable para algunas personas. Bitcoin necesita ser simple incluso cuando las cosas no funcionen bien... no solo cuando todo esté bien.

La volatilidad de Bitcoin es otro peso que mantiene a muchos alejados de su uso continuo o por primera vez. Como muchas personas evitan el riesgo, ellos simplemente se apartan o dejan de usar bitcoin luego de experimentar una pérdida significativa de "billetes" dado a los movimientos de los intercambios. Para ser honesto: todas las monedas sufren cambios en su valor. Bitcoin solo tiene unos cambios más grandes y frecuentes. Para algunos, esta volatilidad es un problema. Sin embargo, otros lo ven como una oportunidad para invertir.

Por último, la popularidad creciente de Bitcoin ha llevado a un incremento de las propinas requeridas para validar las transacciones en una cantidad razonable de tiempo. Este es un problema con la escalabilidad. En promedio, un bloque de transacciones es escrita a la cadena de bloques cada diez minutos. Pero un bloque tiene un límite de tamaño. Puede contener un número finito de transacciones, y los mineros escogerán incluir las transacciones con propinas más altas. Esto puede llevar a que algunas transacciones se queden sin procesar mientras varios bloques son creados sin ellas. Hay algunas soluciones tecnológicas siendo consideradas para resolver este problema, desde simplemente incrementar el límite del tamaño de bloque hasta cambiar el protocolo para que las transacciones sean pequeñas, y más por el estilo. El debate sobre estas soluciones ha sido algo continuo, pero es claro que algo debe hacerse pronto si Bitcoin desea escalar más allá de su tamaño actual.

Capítulo Tres: Conseguir Bitcoin

Hay un número de formas de obtener bitcoin. Comprar BTC en un intercambio es tan sencillo como cambiar dólares por euros, oro, o cualquier otra cosa. Sin embargo, la naturaleza digital de Bitcoin le ha dado un aura de misterio. Las personas buscan la mejor forma de obtener Bitcoin como si fuera una aventura épica que involucra sacrificios digitales en las esquinas secretas del internet, manteniéndolo oculto ante los ojos omnipresentes de la ley. Nada de eso es cierto.

Entonces, en el lenguaje más sencillo posible, tenemos algunas formas en que pueden tener un poco de bitcoin en sus manos. Como verán, no involucran secretos o misterios arcanos.

Intercambiando

Pueden comprar bitcoin en línea usando su moneda local a través de intercambios. Hay docenas de ellos, pero si son nuevos a Bitcoin, probablemente deberían mantenerse con los más conocidos.

Si son residentes de Estados Unidos, Coinbase (www.coinbase.com) y Kraken (www.kraken.com) son dos páginas populares que realizan intercambios. Típicamente pagan usando tarjetas de crédito o transferencias bancarias. Si son del Reino Unido, Bittylicious (bittylicious.com) es una buena forma de comprar bitcoin, con el detalle de que solo hacen negocios en el Reino Unido. Si están buscando una página que funcione en los diferentes países dentro de la Unión Europea, Bitstamp (www.bitstamp.com) puede ser una mejor alternativa para ustedes.

Si viven en Australia su mejor opción es CoinJar (www.coinjar.com). En Nueva Zelanda, pueden visitar BitPrime (www.bitprime.co.nz) para obtener bitcoin. Aunque es una página de intercambio relativamente nueva, funciona bien con la mayoría de cuentas bancarias de Nueva Zelanda.

En China, prueben con OKCoin (www.okcoin.cn) y BTCC (www.btcchina.com), la primera y segunda página de intercambios más grande del país, respectivamente.

En India, Unocoin (www.unocoin.com) y Zebpay (www.zebpay.com) valen la pena visitar.

Para otras partes del mundo, usen la opción de búsqueda en BuyBitcoinWorldwide (www.buybitcoinworldwide.com) para encontrar una página de intercambio en su país.

Y si están buscando una forma de comprar Bitcoin fuera de las páginas organizadas, pueden probar con LocalBitcoins.com, el cual funciona con efectivo, transferencia, tarjetas de créditos y PayPal para compras Bitcoin. LocalBitcoins no es una página de intercambios técnicamente. En vez de vender BTC a ustedes directamente por dólares, esta página facilita el contacto en transacciones costa-a-costa y a veces cara a cara entre usuarios Bitcoin. Usan la página de LocalBitcoins para encontrar a alguien que desee intercambiar monedas con usted directamente. Como están lidiando con personas que no conocen, LocalBitcoins.com ofrece un sistema de mitigación de riesgo en la forma de un servicio de fideicomiso. Úsenlo.

También pueden comprar bitcoin usando otras criptomonedas o monedas alternativas. Una vez más, estarán usando un intercambio para realizar esta transacción. La diferencia es que la persona interesada no acepte dólares u otra moneda tradicional como método de pago. Necesitarán depositar alguna otra criptomoneda como Litecoin o Ether. Ejemplos de este tipo de páginas incluyen a Bittrex (www.bittrex.com) yShapeshift.io (www.shapeshift.io).

You can also buy bitcoin through local ATMs where legal and available. You can use Coinatmradar.com to locate ATMs where you can buy bitcoin at a location near you. Such ATMs are also referred to as BTMs or Bitcoin Teller Machines.

Si lo prefieren, pueden comprar también bitcoin enteramente fuera del internet, con transacciones cara-a-cara a través de encuentros Bitcoin. Visiten www.meetup.com/topics/bitcoin/all/ y bitcoin.xyz/meetup/ para encontrar uno cerca de ustedes.

Ganando Bitcoin

No están limitados solamente a intercambiar una moneda por otra; pueden también obtener bitcoin en cambio de su tiempo, energía y talentos. Si suena como si hablara de un trabajo, están casi en lo correcto. Aunque es ciertamente posible conseguir un trabajo a tiempo complete que les pague en bitcoin, tales trabajos son contados y este no es un libro basado en la búsqueda de empleo. En vez de eso, exploremos algunas formas de generar opciones útiles.

Jobs4Bitcoin (www.reddit.com/r/Jobs4Bitcoins/) es un subreddit dedicado a conectar personas que quieren realizar actividades con personas que buscan bitcoin como pago. Si tienen talento o experiencia escribiendo, programando, diseñando, traduciendo o cualquier otra actividad, pueden buscar los avisos para ver si alguien está contratando. O pueden crear un aviso propio anunciando su disponibilidad para trabajar. Estén preparados para proveer ejemplos de su trabajo.

Si están buscando algo un poco más estructurado que un foro de Reddit, prueben Xbtfreelancer (www.xbtfreelancer.com) o Bitgigs (bitgigs.com), ambos ofrecen servicios similares.

¿Tienen una página web con una cantidad de tráfico decente? Hay redes de publicidades numerosas de bitcoin que operan de forma similar a Google Adsense, donde ustedes "rentan" porciones de su página web a anunciantes en línea. Noten que su página web debe ser muy popular antes de que puedan ganar más de un par de dólares en bitcoin por mes. Si están interesados, visiten Anonymous Ads (www.a-ads.com).

Eviten los llamados "Grifos Bitcoin", los cuales te pagan una cantidad pequeña de bitcoin en cambio de ver páginas web. Aún tengo que ver que uno pague una cantidad decente por su tiempo. No solo no pagan bien, sino que usan mecanismos "anti-trampa" frustrantes que elevará su presión arterial cuando ganen esas fracciones de un centavo.

Minando Bitcoin

Recuerden de un capítulo anterior que las transacciones Bitcoin son escritas a las cadenas de bloques por los mineros. El protocolo Bitcoin recompensa a los mineros con las propinas incluidas en las transacciones, y con un "bloque recompensa" de 12.5 BTC por cada bloque de transacciones. El bloque recompensa es como el Nuevo bitcoin es agregado a la economía. Al existir in límite de 21 millones de BTC, el bloque recompensa baja cada año un poco más y eventualmente se desvanecerá al alcanzar el límite. También, recuerden que el protocolo Bitcoin dificulta más el minado mientras más personas participan.

La idea de crear dinero del aire con su computadora fue muy atractiva para los primeros usuarios de Bitcoin. Tanto que la dificultad del minado incrementó más allá de la habilidad del hardware promedio de una computadora. Las personas solían ser capaces de minar muy bien con sus computadoras o laptops.. En unos pocos años, solo una computadora poderosa con una tarjeta gráfica avanzada podía generar ganancia. Poco después de eso, las compañías comenzaron a producir hardware especializado que rendían incluso más que estas computadoras poderosas. Entonces se convirtió en una carrera. El hardware de minado especializado se ha vuelto más poderoso y más costoso cada año... por años.

Por la cantidad creciente de requerimientos y costos del minado, los mineros se han juntado para crear grupos grandes ("pools" en inglés). Estos mineros combinan su poder de minado (o "hashrate"). El bitcoin resultante es compartido entre los miembros del grupo.. Esta idea sufrió el mismo destino del minado individual. Incluso en grupo, los avances tecnológicos hicieron al minado irrentable para las personas sin el hardware especializado.

Quiero aclarar algo: El minado de Bitcoin aún es rentable. Pero no lo será sin una inversión adelantada en hardware especializado para el minado y una Fuente de electricidad barata (o gratis) para que corra y enfríe ese hardware. Así que, mientras aún es técnicamente posible minar bitcoin con cualquier PC que tengan en su escritorio, el nivel actual de competencia y la dificultad resultante hace de esto una pérdida de tiempo y electricidad. No lo hagan.

Si aún están decididos en hacer un poco de "dinero mágico de internet" de la forma más difícil (y costosa) esto es lo que necesitarán hacer:

Primero necesitarán comprar hardware. La compra debe ser hecha al final pero necesitan observar lo que tienen disponible y entender sus gastos potenciales para el poder de minado necesario. Bitmain ha estado produciendo hardware especializado en el minado de Bitcoin por un tiempo, pero hay otros vendedores también.

Hay una lista de los productos de Bitmain en shop.bitmain.com/main.htm. Cuando visiten la página, necesitan ver más que solo el precio. Necesitan ver los "hashrates", usualmente representados en "mega-hashes" por segundo (MH/s) o "tera-hashes" por segundo (TH/s), y el consumo de energía. También necesitarán prestar atención a las fechas de disponibilidad ya que su página web enlista productos que aún no están en producción. Toma nota de toda esta información por la(s) unidad(es) que puedan costear, pero no compren nada aún.

Luego necesitarán calcular el costo de su electricidad. Los mineros de Bitcoin corren en electricidad. Mientras más poderoso sea el hardware, mayor será su pago de electricidad. Este no es un costo que puedan ignorar. Miren su recibo y calculen su costo de kilowatt/hora.

Ahora encuentren la hashrate de la red actual y la dificultad de minado de una página como BitcoinWisdom (bitcoinwisdom.com/bitcoin/difficulty). Estos pueden ser necesarios o puede que no para el próximo paso, pero ellos son cruciales para sus ganancias a largo plazo. Deberían saber lo que significan y cómo encontrar los valores actuales.

Como probablemente no harán el minado individual, encuentren un grupo de minado. AntPool (www.antpool.com) es un grupo muy grande y popular, pero deben investigar otros. Usen la lista de grupos de minados en Bitcoin Wiki (en.bitcoin.it/wiki/Comparison_of_mining_pools). Descubrirán rápidamente que hay más sobre los grupos de minado de lo que pensaban. Por ahora, tomen nota de cualquier propinas que los participantes deben pagar, y si el grupo distribuye las propinas de transacción a los participantes. Aprender más sobre "minado combinado", "tipos de recompensas", etc. Es la tarea que tendrán que guardar para más tarde... solo no comiencen a minar hasta que sepan lo que significa.

Luego, visiten una calculadora de minado como Criptocompare (www.cryptocompare.com/mining/calculator/) o 99Bitcoins (99bitcoins.com/bitcoin-mining-calculator/). Cómo mínimo necesitarán introducir el precio del hardware, consumo de energía, hashrate y costo de electricidad que descubrieron anteriormente. Dependiendo de la página que usen puede que necesiten introducir la dificultad y/o el hashrate de la red al igual que las propinas del grupo de minado.

Examinen los resultados que obtuvieron. La calculadora debería decirlos cuanta (si obtienen alguna) ganancia pueden esperar bajo las condiciones actuales de la red con el hardware que han seleccionado. Si les gusta lo que ven...

Piensen en el futuro. Solo porque la calculadora dice que pueden hacer dinero hoy, no les garantiza que tendrán ganancias el año que viene. O la próxima semana. La dificultad del minado cambia constantemente... casi siempre incrementando más. VnBitcoin (www.vnbitcoin.org/bitcoincalculator.php) no solo tiene otra calculadora de minado que pueden usar, sino que tiene información sobre rangos futuros de dificultad. Jueguen con esos números y vean que tan rentable será con el rango actual de incremento de dificultad.

Si ustedes han hecho todo esto, han logrado algo que la mayoría de los usuarios nuevos de Bitcoin ni siquiera intentan hacer. La mayoría solo asume que puede minar de forma rentable y se frustran cuando la realidad (y la matemática) les enseña una lección. Ustedes, sin embargo, deben calcular los números ustedes mismos y descubrir si pueden crear una ganancia. Ahora depende de ustedes que se haga una realidad. Comiencen a comprar en ofertas el hardware que han seleccionado y comiencen a aprender esos conceptos que ignoraban anteriormente.

Preparar un minero de Bitcoin luego de comprar uno va más allá de los límites de una guía para principiantes. El minado no es para principiantes. No es difícil, pero ciertamente no es simple. Requerirá paciencia y una tolerancia moderada para la frustración. Entre la documentación del vendedor y en el gran número de foros de Bitcoin pueden encontrar muchas guías para comenzar. El foro de minado en Reddit (www.reddit.com/r/BitcoinMining/) es un buen lugar para visitar si tienen problemas. Buena suerte.

Alternativas al Minado

Cuando confrontan la terrible verdad que no pueden minar bitcoin con sus computadoras, algunos nuevos usuarios de Bitcoin comienzan a buscar alternativas. Los lugares que suelen frecuentar son los lugares de minado en la nube y el minado de monedas alternativas.

El minado en la nube es igual al minado de Bitcoin regular, excepto que en vez de comprar y correr el hardware ustedes mismos, lo rentan y le pagan a alguien más para que lo maneje. Las compañías como Genesis Mining (www.genesis-mining.com) les venderán un contrato de minado por una cierta cantidad de hashrate. Las máquinas se mantienen en su centro de datos; ustedes se quedan con la ganancia. Suelo recomendar a las personas que se alejen del minado en la nube por dos razones. La primera razón es que ha habido un número de estafas de minado que le han dado a la industria de minado en la nube un gran golpe. Es muy fácil que se aprovechen de aquellos interesados. La segunda razón es la falta de compromiso de algunos en realizar los cálculos de ganancias que detallé anteriormente en este capítulo. Ese proceso aún aplica al minado en la nube. Pero en vez de calcular los números ellos mismos, muchas personas siguen la publicidad de las compañías de minado en la nube solo por lo que promueven. El resultado es una ganancia decepcionante de inversión, o una ganancia que es conseguida más por el incremento del valor de bitcoin en vez del proceso de minado en sí. Sin embargo, si hacen la investigación y cálculos, el minado en la nube debe ser una alternativa viable a comprar el hardware ustedes mismos. Pero no hay garantías.

El minado de Bitcoin puede que no sea rentable con un hardware común, pero Bitcoin no es la única criptomoneda alrededor. Hay un número de otras monedas que pueden ser minadas con CPU's y GPU's (Tarjetas Gráficas). Por supuesto, el resultado de este esfuerzo por minar no sería bitcoin... sería cualquier moneda alternativa decidan minar. Si fuera bitcoin lo que buscan, tienen que usar un intercambio o servicio como Shapeshift para hacer la conversión. También necesitarían tomar en cuenta las propinas al intercambiar monedas cuando hacen sus cálculos de rentabilidad.

Hay un Nuevo grupo de minado de monedas alternativas llamado Nicehash (new.nicehash.com) que hace el proceso fácil al cambiar automáticamente su máquina a la moneda alternativa más rentable que puede procesar. También convierte sus ganancias a bitcoin automáticamente. Con un GPU decente pueden hacer fácilmente un par de dólares al día sin esfuerzo alguno más allá de la preparación inicial. Con varias tarjetas gráficas y varias computadoras, pueden hacer mucho más. Nicehash incluso calcula y muestra sus dólares-por-día en su interface y se encarga de hacer un poco de los cálculos de rentabilidad por ustedes. No estoy afiliado de alguna manera con Nicehash aparte de ser un usuario, pero basado en mi experiencia, lo recomiendo para las personas que tienen computadoras de alto nivel moderno sin uso alguno durante el día.

Capítulo Cuatro: Usando Bitcoin

Comerciantes En Línea

Mientras el número de establecimientos que aceptan bitcoin aún es limitado comparado a las monedas tradicionales, aún crece día a día. Hay demasiados comerciantes en línea con Bitcoin habilitado para el tamaño de este libro, pero algunos nombres disponibles podrían sorprenderlos. Grandes tiendas en línea que aceptan bitcoin incluyen Expedia, Shopify, Microsoft, Dell, Overstock, y la plataforma popular de juegos Steam.

Tarjetas de Regalo (Gift Cards)

Estos comerciantes, también referidos como comerciantes de terceras partes, venden Tarjetas de Regalo que pueden comprar usando bitcoin y usarlo para comprar bienes en línea y fuera de línea. Piensen en ellos como un puente que conecta a los usuarios de bitcoin con comerciantes que no aceptan bitcoin como método de pago. El vendedor más popular de tarjetas de regalo es Gyft (www.gyft.com). El número y nombres de estos vendedores que los apoyan es muy largo para mencionarlos a todo pero contiene algunos nombres como Amazon.com, Home Depot, Starbucks, Macy's, Best Buy, Lowes, y Target.

Tiendas Físicas

Solo porque Bitcoin es un producto de la era digital no quiere decir que no pueden usarla para comprar fuera del internet. Cada vez más tiendas tradicionales alrededor del mundo están aceptando pagos en bitcoin. Desde materiales de construcción hasta ropa, desde café y tiendas de vaporizadores hasta restaurantes, las tiendas físicas son la nueva frontera para la aceptación del bitcoin. Pueden usar recursos como Coinmap (coinmap.org) para encontrar tiendas físicas fuera de línea en su área que acepten bitcoin donde estén en el mundo.

Amazon a través de Purse.io

Purse.io (www.purse.io) ofrece un servicio útil y único que les permite usar bitcoin para comprar artículos de Amazon.com sin tener que comprar una tarjeta de regalo primero. Purse opera de forma similar a LocalBitcoins, en el sentido que conecta personas que quieren comprar algo de Amazon (compradores) con las personas que quieren cambiar su moneda a bitcoin (Ganadores). Los compradores crean una lista pública en Amazon y lo llenan con artículos que desean comprar. Ellos comparten la lista en la página Pusrse.io, y depositan suficiente BTC para cubrir la compra. Un Ganador compra los artículos de la lista y los envía directamente al comprador. Una vez que los artículos son recibidos, se le entrega al Ganador el bitcoin depositado por el Comprador. Suena mucho más complicado de lo que ese n realidad. El hecho es que como un Comprador, tienes la habilidad de obtener artículos con un descuento sustancial hace que valga la pena probarlo al menos una vez.

OpenBazaar

OpenBazaar (www.openbazaar.org) es un Mercado costa-a-costa en internet donde cualquier persona puede vender cualquier artículo por bitcoin. OpenBaar ha sido comparado con Ebay y "Silk Road", pero no es ninguna de estas dos páginas. No hay subastas, solo ventas costa-a-costa. No hay nada secreto, oscuro, o Escondido en la página o sus listas. A diferencia de Ebay y "Silk Road", OpenBazaar no opera en un servidor o grupo de servidores que pueden ser localizados y apagados. El mercado es descentralizado, gratis, y libre de interferencias externas, y es un buen lugar para ganar o gastar bitcoin.

El Proceso de Pagos de Bitcoin

Sin importar si buscan comprar algo en línea o a través de transacciones cara-a-cara, usar Bitcoin es más fácil que una tarjeta de crédito en la mayoría de los casos.

La persona o página web que recibe el pago les mostrará un Código QR.

El código puede parecer un montón de cuadrados negros y blancos, pero su billetera Bitcoin puede leer la dirección de pago y, usualmente, la cantidad de pago del código. Todo lo que necesitan hacer es abrir su billetera, hacer clic en "enviar" o "escanear" y apuntar su cámara al código. Si el monto a pagar no fue incluido en el código, necesitarán escribirlo. Si compran algo en línea, puede que no necesiten usar la cámara en absoluto. El código QR (o la página que la muestra) a menudo tendrá un link que debería abrir su billetera Bitcoin directamente y llenar los campos requeridos.

Antes de que le den al botón de "enviar" o "pagar", asegúrense que incluyan una propina apropiada.

Esperen… ¿propinas? Sí. ¿Recuerdan a esos mineros que procesan sus transacciones con su hardware costoso y especializado? Puede ser opcional porque, mientras es técnicamente posible enviar una transacción sin propina agregada alguna, pocas (o ninguna) billeteras les permitirán hacerlo. Aun peor, una transacción sin propina o con una muy baja hace que tome semanas escribirlas en la cadena de bloques, si es que es escrita en absoluto.

La mayoría de las billeteras sugerirán incluir una propina y algunas te darán opciones para una propina alta o baja, dependiendo de lo rápido que quieran que la transacción se procese. Esta propina es basada en la complejidad de la transacción, no en la cantidad de dólares o BTC que envían. También cambia dependiendo a la carga de la red. Durante la historia de Bitcoin, la propina acordada ha cambiado desde una pequeña fracción de un centavo hasta $2. Al momento de escribir esto, la billetera que uso recomienda una propina de $1, pero tiene opciones que varían desde $0.62 para transacciones de "baja prioridad" hasta $1.25 para transacciones de "alta prioridad". Recuerden que la propina se paga en bitcoin, y la cantidad en dólares de esa propina variará con su valor durante el intercambio. Sólo usen una de sus sugerencias de su billetera y estarán bien.

Lo que pase luego depende de la propina que pague, lo que compró y como el comerciante decida hacer negocios. Una transacción Bitcoin no es considerada como "confirmada" hasta que se escribe en la cadena de bloques. Esto puede tomar diez minutos, una hora, o diez días, dependiendo de la propina… pero 10 minutos debe ser el promedio por transacción con una propina apropiada.

¿El cajero en la tienda de cafés te hará esperar diez minutos antes de entregarles su bebida? Por supuesto que no. La billetera del cajero mostrará (aún sin confirmar) la transacción casi instantáneamente luego de que realizan el pago. Si son inteligentes, ellos revisarán para asegurarse de que incluyeron una propina, pero lo más probable es que solo te entreguen su bebida y avancen a la siguiente persona en la fila.

Por otra parte... ¿qué pasaría si compraron una tarjeta de regalo de "200, una computadora de $2000, o un carro usado de $10.000? ¿El comerciante te permitirá salir (o manejar) con la mercancía sin esperar la confirmación? Por supuesto que no. Pueden esperar sentados y hablar de su deporte favorito o clima mientras la transacción se confirma. Esta es una de esas veces que pueden incluir una propina más grande de lo normal para su transacción.

Capítulo Cinco: Guardando Bitcoin

Billeteras Bitcoin

Al igual que las monedas tradicionales, guardar su bitcoin es de suma importancia. Pero a diferencia de las monedas tradicionales, el trabajo de asegurar su dinero recae enteramente sobre sus hombros. El hecho de que bitcoin sea enteramente digital hace que su cuidado sea más difícil. Las personas saben por costumbre como cuidar de sus bienes físicos. Sin embargo, cuidar los archivos digitales no está en la especialidad de la mayoría... hasta que son hackeados. Con potencialmente una cantidad de dinero de suma importancia en riesgo, aprender algo de seguridad básica de Bitcoin desde los errores no es aceptable. Es imperativo que aprendan como almacenar bitcoin antes de que comiencen a comprar o invertir grandes sumas del mismo.

Los bitcoins son almacenados en direcciones. Direcciones múltiples son coleccionadas y controladas por las billeteras. Las billeteras son usualmente (pero no siempre) programas que corren en un teléfono o computadora. Con las prácticas de seguridad apropiadas y mecanismos, estas billeteras pueden ser aún más seguras que su billetera física, cuenta bancaria y tarjetas de crédito. Sin embargo, sin estas medidas básicas de seguridad, las billeteras de bitcoin son básicamente una bolsa de dinero escondidas parcialmente detrás de un florero en frente de su porche.

Hay cuatro tipos de billeteras Bitcoin de las cuales pueden escoger: desde la web, las billeteras de software, las de almacenaje y las de hardware.

Las billeteras de software o "calientes" son con las que ustedes interactúan a menudo. Esta es la billetera Bitcoin en su teléfono o computadora que usan para comprar, vender y transferir BTC. Hay varias compañías que producen billeteras para varias plataformas. Recomiendo Mycelium para Android y Breadwallet para iOS. Para PC, recomiendo Electrum. Mis dos reglas para escoger una billetera son: 1) No paguen por programas de billeteras. Deben ser gratis. 2) No guarden grandes cantidades de dinero en una billetera de este tipo. Las billeteras de software son el equivalente al sencillo o dinero que guardan en su bolsillo. No son una cuenta de ahorros, así que no ahorren miles de dólares en ella a menos que quieran realizar una gran compra en el futuro cercano.

Una billetera web, es un programa alojado en un servidor en línea y usualmente se ingresa a través de un navegador web. Hay algunas compañías muy populares y confiables que almacenarán su bitcoin por usted en sus servidores en línea. No las nombraré porque deberían evitar todas. Así es... evítenlas a todas. La historia corta de Bitcoin está llena de billeteras en línea que se descuidaron o resultaron ser fraudes, resaltando en la pérdida de fondos de sus clientes. **No Guarden Bitcoin En Una Billetera En Línea.** Esto incluye las billeteras manejadas por la página de intercambios donde compran bitcoin. Pueden confiar en ellos para comprar o vender su bitcoin, pero no deberían confiar en ellos para guardarlo por usted.

Las billeteras de almacenamiento, también referidas como billeteras fuera de línea, son billeteras que son totalmente separadas de un dispositivo de alojamiento o el internet. Este puede ser una computadora vieja o teléfono en donde han cargado un programa de Bitcoin y está desconectado del internet. El usuario promedio típicamente solo pondrá esta máquina en línea solo por el tiempo necesario para transferir el dinero de la billetera de almacenamiento a la billetera en línea... similar a tomar el dinero de una cuenta de ahorros hacia una cuenta corriente. Aquí es donde la mayoría del bitcoin debería guardarse. Noten que la plataforma... el teléfono o PC que están usando... debe ser segura y solo debe ser usada para Bitcoin. Eliminar el Sistema operativo y comenzar con una reinstalación libre de virus es recomendada. Usando el dispositivo para navegar la web, leer libros, ver pornografía, actualizar su currículum, o cualquier otra cosa, logrará que su bitcoin sea robado bajo sus narices.

Las billeteras de hardware son un tipo especial de almacenamiento. Estos son dispositivos de hardware específicos... objetos físicos... que pueden usar para guardar bitcoin y tener acceso a él de forma segura incluso desde una computadora que no es segura. Si están lidiando con cantidades enormes de dinero, entonces deben invertir en uno de estos dispositivos. Si no es así, las billeteras de almacenamiento ordinarias o un teléfono viejo o PC puede ser necesario.

Las billeteras de papel son otro tipo especial de almacenamiento. Como el nombre sugiere, una billetera de papel guarda su dirección de bitcoin y llave privada en un pedazo ordinario de papel. Usan una computadora e impresora para crear la billetera de papel y una billetera normal en línea para enviar bitcoin desde o hacia la dirección en la página. Aunque el bitcoin está seguro, está completamente alejado del internet e invulnerable a un ataque... a menos que pierdan la billetera de papel o no siguieran las instrucciones al ser creada. Las billeteras de papel son muy útiles, y eran las únicas billeteras disponibles hasta que compañías como Ledger y Trezor aparecieron. Pero no son muy fáciles de usar. Es muy fácil cometer un error y tratar de usarlas correctamente puede ser incómodo. Sin embargo, vale la pena explorar más si quieren almacenar grandes cantidades de BTC y no quieren comprar un hardware especial. Pueden ser una medida de almacenamiento temporal mientras su billetera de hardware está en camino. Si quieren experimentar con las billeteras de papel visiten BitAddress (www.bitaddress.org). Advertencia: Ir a una página web e imprimir un papel de billetera no es seguro. Está bien para aprender y experimentar, pero no para su uso. Crear una billetera de papel segura involucra pasos múltiples y una dosis moderada de paranoia. También, nunca compren billeteras de papel hechas por alguien más. Siempre creen su propia billetera.

Preparándose para Bitcoin

El almacenamiento fuera de línea o las billeteras de hardware son costosas o requieren tener una máquina extra a su alrededor que pueden dedicar a Bitcoin. Las billeteras de papel son gratis, pero son confusas y toma tiempo crearlas correctamente. Estas pueden no ser opciones adecuadas para todos, así que algunos pueden escoger almacenar su bitcoin en su teléfono o computadora ordinaria. Aunque esto no es recomendado, es entendible y casi ciertamente la ruta que la mayoría de los nuevos usuarios tomarán. Dado que los riesgos altos que están asociados con billeteras de software, necesitarán precaución extra cuando las usen para almacenar cantidades grandes.

Muchos libros han sido escritos sobre cómo aumentar la seguridad en computadoras. La verdad desafortunada es que el usuario promedio nunca leerá ni siquiera uno de esos libros y, si lo hicieran, probablemente no seguirían las recomendaciones que contiene. Por esa razón, voy a resumir todos esos buenos consejos a lo más mínimo que necesitan hacer. Si realizan alguna transacción financiero en su teléfono o PC... ya sea con bitcoin o su página regular de banco/inversiones... deben hacer lo siguiente:

Coloquen un código o una contraseña en su computadora. No necesita ser larga pero necesita ser compleja. Mayúscula, minúscula, dígitos especiales... mientras más compleja, mejor. Espero que ya hayan hecho esto.

Usen algún tipo de anti-virus o anti-malware. Si tienen Windows, usen el Windows Defender que viene con el Sistema operativo. Hay varios para Android; consideren Malwarebytes o Lookout. El último ya viene instalado en muchos dispositivos nuevos de Android. Lo que sea que usen, deberían no solo escanear los dispositivos periódicamente por malware en el disco duro, también deberían monitorear la actividad en el dispositivo activamente para intentar atrapar al malware en acción.

Me parece que los sistemas operativos de Apple para sus dispositivos como el MacBook, iPad, y el iPhone son resistentes a virus y malware. Sin embargo, los productos electrónicos de Apple son significativamente más costosos que los dispositivos basados en Windows, teléfonos Android, y tabletas Android.

El último consejo es solo para los usuarios de Windows. También es algo crucial para esa plataforma. Si son como la mayoría, solo tienen una cuenta en su máquina y esa cuenta es la de administrador. Esto significa que la cuenta que usan mientras ustedes navegan la web también puede administrar configuraciones, instalar software, y hacer cambios a la configuración de la máquina... exactamente lo que un virus o troyano quiere hacer una vez que llegue a su máquina. Necesitan arreglar eso. La cuenta que usen cada día no debe ser la de administrador. Necesitan crear una segunda cuenta a la que solo entren cuando instalen o configuren algo. Esta cuenta nueva debe ser la cuenta administradora mientras su uso diario de su computadora debe ser bajo una cuenta "standard".

Estos pasos simples, particularmente el último, los ayudará bastante para hacer de su computadora lo suficientemente segura para sus usos financieros.

Escoger y configurar una Billetera

Ahora es el momento de escoger su billetera Bitcoin de software. Si quieren investigar por su cuenta en vez de solo escoger una de las que mencioné antes, vayan a bitcoin.org/en/choose-your-wallet y prueben. Todas las billeteras de software de Bitcoin son diferentes. Aunque sus características parezcan similares entre sí, aún hay diferencias vastas en su configuración inicial y facilidad de uso. Bitcoin Core, por ejemplo, requiere que descarguen toda la cadena de Bitcoin antes de que puedan usarlo. Eso puede sonar bien hasta que se dan cuenta que la cadena de bloques puede ser más de 120GB y les tomará más de una semana descargarlo. Los usuarios nuevos no necesitan ese nivel de frustración, así que les recomiendo evitar Bitcoin Core.

Luego de configurar exitosamente la billetera de software en el dispositivo que seleccionaron, necesitarán trabajar en la configuración del software antes de usarlo. Las dos configuraciones más importantes a los que deben prestar atención son la contraseña de su billetera y sistema de respaldo.

Si el programa les permite crearle un PIN o contraseña para entrar a su billetera, deberían crear una. Esta debe ser diferente a la que usan para entrar a su PC, teléfono o tableta. Su software puede que también les presente una lista de palabras al azar que les permitirán restaurar su billetera cuando sea necesario. Escriban las palabras… físicamente, en papel… y guárdenlas en algún lugar seguro. Estas palabras al azar son literalmente la llave a su reino Bitcoin. No las guarden en (o cerca de) su computadora; deben estar en una caja fuerte, u otro lugar de almacenaje seguro que sea a prueba de fuego y agua.

Administración de su Dirección

Una vez que hayan configurado su primera billetera Bitcoin, busquen direcciones de Bitcoin. Todos los programas son diferentes, pero como la administración de la dirección es todo el punto de la billetera, el programa debería mostrarlo prominentemente. Tienen más de una dirección. Si solo ven una, no se preocupen ya que su billetera puede crear más con el clic de un botón.

Cuando reciben bitcoin, por ejemplo cuando transfieren BTC recién comprado en un intercambio, necesitarán proveer una de las direcciones. Por favor, no intenten memorizar o copiar una dirección a mano, copien y peguen.

Deben generar una dirección nueva cada vez que necesiten recibir bitcoin. **No Re-Usen Direcciones**. Una vez que usen una dirección para recibir BTC una vez... olvídenlo. No se preocupen, es el trabajo de esta billetera controlar cuánto BTC hay en cada dirección, no el suyo. Usar diferentes direcciones dificulta a los demás rastrear su actividad Bitcoin en la cadena de bloques.

Billeteras de Hardware

Como mencionaba antes, las billeteras de hardware son la forma más segura de almacenar bitcoin. Mientras hay más billeteras de software que de hardware, aun son demasiadas para enlistar y describir en detalle. En vez de eso, me enfocaré en las dos más populares.

Trezor (trezor.io) es un dispositivo que se conecta a un puerto USB de su computadora. Entran a través de un navegador web usando un software especial o una extensión del navegador que obtienen de Trezor. La interface es parecida a una billetera de software regular, pero detrás de escenas usa mucha encriptación para aislar su billetera (y el bitcoin que contiene) de la computadora donde la conecta. El Trezor vale $100 en su página web, pero la oferta es limitada y los precios de vendedores terceros son de $175 a $200. Cuando compren uno, prepárense a encontrar muchos vendedores con mercancía limitada y precios más altos.

Ledger (www.ledgerwallet.com) vende el Ledger Nano S como una billetera de hardware que opera de forma similar al Trezor. Puede integrarse con software de billeteras ya existentes como Mycelium, y pueden ser usados con una lista pequeña de monedas alternativas aparte de bitcoin, como Litecoin y Ethereum. También puede ser un poco más barata, con el costo de $70 en su página web.

Para el uso con Bitcoin, las diferencias entre estas dos son mayormente superficiales. Escojan el que puedan comprar o el que tenga mercancía. Si investigan en línea, tengan en mente que Ledger produjo una versión antigua de su billetera de hardware sin muchas características actuales. Los críticos generalmente la consideran inferior al Trezor, pero esas críticas no aplican al Ledger Nano S. actual.

Cuando obtengan su primera billetera de hardware, hagan lo mejor para asegurarse de que es absolutamente nueva, es decir, que no haya sido usada o alterada de alguna manera antes de recibirla. Ha habido casos donde los agentes de la aduana y autoridades abren el encargo, remueven los sellos de seguridad de los artículos dentro del encargo. Recuerden, la seguridad de sus bitcoins dependerá de la integridad de su billetera de hardware y cosas por el estilo, debe llegar a la puerta de su casa en una condición original y sin haber sido alterada

Una vez satisfechos con la condición de su billetera de hardware y que no haya sido alterada, seguirán los pasos de inicio que son similares a la billetera de software. Hay contraseñas que configurar y una lista de palabras al azar que escribir. Háganlo y disfruten del uso de Bitcoin en la forma más segura posible.

Capítulo Seis: Invertir en Bitcoin

Advertencia: *No soy un consejero financiero o de inversión. Este capítulo es solo bajo en contexto de un consejo. Ha sido preparado sin tomar en consideración sus metas, situación financiera o necesidades. Antes de actuar bajo estos consejos, deben considerar qué tan apropiado sea de acuerdo a sus propias metas, situación financiera y necesidades. A pesar de lo que yo o alguien más les diga, nunca deben invertir en algo que no comprenden del todo, o aportar fondos que potencialmente perderán.*

Aunque Bitcoin fue creado como una alternativa y modo descentralizado de pagos, puede también ser usado como una inversión. Bitcoin no tenía valor alguno cuando fue lanzado en Enero del 2009. Poco tiempo después. Tenía un valor de $0.08 por bitcoin, basado en su mayoría en el valor de la electricidad requerida para minar BTC en el momento. A mediados de 2017, el valor de un Bitcoin llegó a $3,000.

Al escuchar los montos previos, la mayoría han reaccionado al menos de dos formas. Algunos sienten que obviamente se "perdieron de la alza" de Bitcoin y que no tiene sentido invertir ahora. Otros ven el alza exponencial como una señal obvia de que Bitcoin es un fraude. Ninguna de las dos es cierta, pero puede ser difícil cambiar su opinión sin aprender un poco de la historia de bitcoin y del verdadero significado de su tecnología.

Pero primero, ataquemos algunas de las objeciones más populares a invertir en Bitcoin.

Una de las razones por la que muchas personas temen invertir en, o incluso usar Bitcoin es por la famosa bancarrota de uno de los intercambios más grande del mundo, Mt. Gox en el 2014, el cual precedió una caída precipitosa de su precio. Muchos decían que Bitcoin había "muerto" en ese momento. Aun así, Bitcoin aún existe y se intercambia a un precio significativamente más alto del que tenía en el 2014. De hecho, Bitcoin ha "muerto" tantas veces que se ha convertido en un meme o una broma en la comunidad Bitcoin. El colapso de Mt. Gox es una nota histórica en el mar de otros hackeos y colapsos… ninguno de estos dos han "asesinado" a una criptomoneda antes. Estas no fueron fallas de Bitcoin o criptomonedas al igual que la crisis de Cyprus en el 2012 fue una falla de su moneda tradicional.

Otra marca oscura es la asociación e Bitcoin con estafas, fraudes y actividades del Mercado negro, como el ahorro de Bitcoin y el fraude Ponzi y el Mercado negro Silk Road. Aun así, las mismas personas que se quejan de la reputación de Bitcoin, continúan usando una moneda con una historia mucho más larga y alianzas más fuertes a actividades ilegales: Efectivo… la moneda de los traficantes de drogas, pedófilos, y mercados negros por mucho tiempo antes de la llegada del internet. A pesar de los rumores a lo opuesto, Bitcoin NO es anónimo y las personas que usan Bitcoin para actividades ilegales son capturadas y enviadas a prisión. La investigación de sus actividades solo toma un grupo diferente de habilidades. Los criminales que toman en serio el mantener sus transacciones bajo el radar harán lo que siempre han hecho… usar efectivo.

Otra razón para el escepticismo es la alta volatilidad en el mercado de valores o precios de Bitcoin, el cual es 2,600% más volátil que invertir en el S&P 500, una de las bolsas de valores más grandes de los Estados Unidos y en el mundo. Sí, Bitcoin es volátil. Pero esa volatilidad no es un sonido al azar... tiene una tendencia muy alta con patrones discernibles. Esto es lo que los verdaderos inversores llaman una oportunidad.

Y finalmente, la falta de un cuerpo o agencia regulatoria de Bitcoin asusta las personas. ¿Es el gobierno? ¿La Reserva Federal? ¿La Fundación Bitcoin? ¿El misterioso Satoshi Nakamoto? No. Bitcoin (la tecnología) es controlado por las acciones de los desarrolladores, mineros y usuarios... la comunidad Bitcoin. El precio del bitcoin es controlado por las fuerzas de Mercado libre de la oferta y la demanda. No olvidemos que la máxima oferta de Bitcoin es conocida y limitada a $21 millones. El número máximo de dólares es infinito. Esto hace a Bitcoin fundamentalmente diferente a todas las monedas tradicionales. Es más parecido al oro y plata, con ventajas de ser más resistente al gobierno e interferencias corporativas y ser capaz de ser usada en el internet.

Dicho todo esto, ¿deberían usar Bitcoin para propósitos de inversión? Desafortunadamente, la respuesta no es clara o simple. La versión corta de la respuesta es: "Depende". La respuesta larga es que necesitarán considerar muchas cosas sobre sus propias metas, situación financiera, y personalidad antes de tomar una decisión.

Línea de Tiempo Financiera

Aunque es obvio que la meta de invertir es para hacer más dinero, ese es una meta muy general e insuficiente para realmente tomar decisiones de inversiones.

Necesitan ser específicos en lo que esperan recibir y aún más en el tiempo que esperan recibirlo. ¿Invierten dinero para que puedan tener un fondo de pensión en 20 años? ¿Es para la educación universitaria de sus hijos dentro de 10 años? ¿O es para el carro nuevo que se comprarán en unos meses?

Bitcoin NO es una Buena inversión a corto plazo. Si necesitan entrar y salir de su tiempo de inversión en un tiempo más corto a un año, mejor busquen en otra parte. La fuerza del Bitcoin es su tendencia a largo plazo. A corto plazo, la volatilidad puede afectarlos. Bastante. Yo considero la inversión a corto plazo de Bitcoin igual al apostar. Sí, las personas hacen dinero intercambiando dinero o invirtiendo a corto plazo en bitcoin. Las personas también ganan dinero en blackjack.

En cambio, si su inversión es medida en años, entonces Bitcoin puede ser para ustedes.

Apetito de Riesgo

Bitcoin es una inversión de alto riesgo. No dejen que nadie más les diga lo contrario.

¿Cuánto dinero pueden perder? Nadie quiere que pierdan dinero, pero todas las inversiones tienen riesgos. La única pregunta es el nivel de riesgo que pueden tomar. Si quieren ganar mucho más de lo invertido, deben estar dispuestos a aceptar aún más el riesgo. Los inversores con experiencia saben esto, pero Bitcoin tiene una tendencia a atraer inversores sin experiencia o principiantes que esperan retornos altos sin el potencial de perdida. No sean principiantes. Si SON principiantes… Bitcoin probablemente no sea para ustedes. Bitcoin no debería ser su primera y única inversión en su portafolio.

Si prefieren inversiones con ganancias garantizadas, consideren los Bonos del Tesoro administrados por el Gobierno Federal. Sin embargo, deben estar dispuestos a conformarse con rangos de pagos tan bajos que pueden de hecho perder dinero por la inflación. Pero si están dispuestos a tomar inversiones de alto riesgo para ganar potencialmente mucho más de lo invertido, entonces pueden invertir su dinero en bienes riesgosos como acciones o bitcoin.

Estabilidad Emocional

Supongamos que compraron bitcoins hoy valorados en $2500, y mañana el precio baja a $1400. Puede que no sea posible, pero cosas más raras han pasado. Ya sea que vendan o se queden dependerá de su estrategia de inversión, pero esa no es la pregunta que les estoy haciendo. ¿Qué opinan? ¿Pueden manejar la reacción emocional de una pérdida tan grande? ¿Cómo lo tomarían? ¿Entrarían en pánico? ¿No reaccionarían y seguirían? ¿Se obsesionarían con el precio, buscando constantemente validación? ¿Pedirían, luego rogarían, luego implorarían a extraños en internet a que prediquen mágicamente cuando subirá el precio de Nuevo? ¿Caerían en depresión? ¿Considerarían lastimarse?

Esta puede ser una sección inesperadamente oscura a encontrar en un capítulo sobre inversiones, pero algunas personas no están emocionalmente preparadas para las perdidas grandes que han ocurrido en el pasado de Bitcoin. Como dije antes, Bitcoin tiende a atraer a personas que son nuevas en inversiones. Estas personas tienden a invertir mucho y no son capaces de mantener la perspectiva si las cosas no van como ellos desean. No sean uno de ellos. Hay cosas más importantes en el mundo que el dinero... Bitcoin o cualquier otro. Si su felicidad, su supervivencia, su estabilidad financiera o emocional depende del precio de que una inversión se comporte de cierta manera... por favor aléjese de Bitcoin.

Ritmo

Por último, un aspecto universal del intercambio de bienes financieros como acciones, monedas y por supuesto bitcoin, es conocer cuando entrar y cuando salir. Hay dos perspectivas sobre invertir que pueden tomar: una perspectiva de "comprar y esperar" y otra de "intercambiar".

Una perspectiva de "comprar y esperar" es una en donde compran bitcoin y esperan a que su valor suba a mediano o largo plazo. También se llama una perspectiva "comprar y olvidar" porque no necesitan preocuparse con fluctuaciones diarias o semanales. Esta perspectiva requiere una mentalidad a largo plazo y, en el caso específico de bitcoin, nervios de acero mientras esperan las caídas de corto plazo de su valor. Con Bitcoin, estas caídas a corto plazo pueden ser dramáticas.

La perspectiva de "intercambiar" es una a muy corto plazo, donde entra y sale de bitcoin en unos días, horas o incluso minutos. Algunas personas ganan bastante de esta forma pero requiere mucho tiempo y esfuerzo para monitorear y ejecutar. No es para principiantes, y ni siquiera lo recomiendo para comerciantes con experiencia a menos que hayan estudiado sobre la historia y tecnología de Bitcoin.

Pero incluso si tienen una perspectiva de "comprar y esperar", no quiere decir que están fuera de peligro en términos de calcular su ritmo de entrada al mercado. ¿Deberían invertir todo de una vez, o invertir con el pasar del tiempo? ¿Deberían comprar ahora mismo a cualquier precio que sea, o esperar a una de esas caídas de corto plazo?

La respuesta depende de la cantidad de riesgo que puedan soportar, financieramente y emocionalmente

Si tienen una suma de dinero que no será afectada con una caída inesperada, inviertan todo de una vez. Pierden ganancias potenciales si esperan. Si no tienen una suma que no será afectada, o la idea de una caída de precio de $400 luego de que hagan clic en "comprar" les aterra, entonces inviertan una cantidad de dólares específica cada semana o mes hasta que hayan alcanzado su meta de inversión... pero comiencen ahora mismo.

Quedarse con los dólares esperando a una caída de corto plazo es generalmente una mala idea. No saben cuánto tiempo esperarán, o si la caída que están esperando sucederá del todo. Compren ahora o compren poco a poco comenzando ahora mismo. Tampoco recomiendo pedir prestado dinero para invertir en BTC. No hipotequen su casa. No soliciten un préstamo bancario o pidan prestado de su plan de jubilación. O tienen el dinero para invertir o no lo tienen. So no lo tienen, entonces comprar durante el pasar del tiempo es la mejor opción.

En resumen: *La mejor oportunidad para comprar bitcoin fue 2009 La segunda mejor oportunidad es ahora mismo.*

Y finalmente, una vez hayan adquirido los Bitcoins con el propósito de invertir, asegúrense de seguir los protocolos de seguridad para almacenar su bitcoin que he definido previamente en el libro. Para almacenamiento a largo plazo de grandes cantidades, usen una billetera fuera de línea, billetera de hardware, o billetera de papel. Almacenar su inversión en una billetera de teléfono es *extremadamente* imprudente.

Notas del Autor: ¿Qué Sigue?

Gracias por comprar este libro. Mi meta al escribirlo es proveerles una guía lo suficientemente básica para que puedan iniciar con Bitcoin... o al menos para interesarlos. Les recomiendo que actúen basado en lo aprendido. Sin importar que sean un inversor potencial, minero comerciante, desarrollador o educador, sus próximos pasos son los mismos. ¿Listos? Estos son:

Compren un poco de Bitcoin. Gasten una parte. Ahorren el resto.

Eso es todo. Hagan esto con solo una cantidad pequeña de bitcoin. Con $10 a $100 dólares, comenzarán a cementar e internalizar lo que han aprendido en este libro. Trabajarán con un intercambio. Encontrarán e instalarán una billetera. Localizarán un comerciante que acepte bitcoin en cambio de algo que deseen. Experimentarán la importancia de las propinas. Y tendrán una pequeña cantidad de bitcoin ahorrado por si acaso otros $10- o $100- incrementan su valor. Todo esto fue descrito en el libro, pero no hay explicación que se compare con la experiencia en persona. Así que vayan... usen Bitcoin de la manera en que fue diseñada para usarse. De allí pueden dirigirse a su área específica de interés, ya sea el minado la inversión, comenzar un negocio basado en bitcoin o Caridad, o usar Bitcoin para enviar dinero a otro lugar.

Incluso si deciden que Bitcoin no es para ustedes, tomarán una decisión basada en una experiencia personal en vez de una noción preconcebida. No se preocupen, las criptomonedas como Bitcoin no irán a alguna parte. Aún estarán aquí cuando cambien de opinión. Y ustedes *cambiarán* de opinión.

Hasta entonces,

Gracias por Leer

Eric Morse

www.ingramcontent.com/pod-product-compliance
Lightning Source LLC
Chambersburg PA
CBHW071032050326
40689CB00014B/3628

9781978149137